Glasätzen ist ein Hobby für den künstlerisch veranlagten Menschen ab 15 Jahren; diese altersmäßige Einschränkung muß gemacht werden, weil man mit Chemikalien arbeitet, die nicht in Kinderhand gehören. Andere Glasbearbeitungen, z. B. das Glasritzen, stehen auch Kindern offen.

In der Schule haben wir gelernt, daß Glas aus Quarzsand, Soda und Kalk geschmolzen wird. Wann und wo das erste Glas entstanden ist, weiß man nicht genau. Jedenfalls war es schon den alten Ägyptern um 4000 v. Chr. bekannt. Glas ist demnach der älteste künstliche Werkstoff.

Glas begegnet uns in vielen Formen. Denken wir nur an den hochwertigen Kristallkelch, an künstlerisch gestaltete Kirchenfenster, an Spiegel oder aber – ein anderes Extrem – an die achtlos weggeworfene Einwegflasche.

Die künstlerische Glasbearbeitung begann mit Schnitt und Schliff. Das Verfahren, Glas mit einer Säure zu ätzen, entdeckte Heinrich Schwanhardt in Nürnberg. Im Jahre 1670 „fande er unvermuthet glücklich aus gläsernen Scheiben zu ätzen, auf welchen sich der Grund matt, dabei aber jede angebrachte Schrift gantz hell ergabe ...“

Nach einer wechselvollen Geschichte erreichte die Kunst des Glasätzens mit der fortschreitenden Industriealisierung im 19. und 20. Jahrhundert ihren Hochstand mit dem berühmten Meister Emile Gallé (1846–1904).

Was ist eigentlich Glasätzen? Es ist die Veränderung der Oberfläche durch chemische Einwirkung.

Für den Hobbybereich ist nun eine Ätzflüssigkeit entwickelt, die bei Beachtung der Gebrauchsanleitung nicht gefährlich ist. Jetzt kann auch der Laie sich in dieser interessanten Technik versuchen. Einer Technik, die leicht erlernbar ist. Nicht einmal eine künstlerische Begabung ist nötig; denn Motive sind in diesem Buch und der dazu angebotenen Mappe in Fülle gegeben. Man kann nachmalen, abpausen, sich anregen lassen – obwohl eigene Entwürfe natürlich am schönsten sind. Nur ein wenig Sorgfalt ist vonnöten – und schon ist ein hübsch verziertes Gefäß entstanden, das im Spiel des Lichtes zu einer Kostbarkeit wird.

Die Anleitung findet sich in diesem Buch – mit allen Hilfen, Tips und Tricks. Auf daß Glasätzen zu einem Vergnügen wird für alle, welche Freude haben an kreativer Beschäftigung.

Ursula Kühnemann

Für erste Versuche eignen sich ausgediente Senf-, Gurken-, Marmeladen- oder andere Gläser. An einem billigen Küchenglas habe ich rundherum alle Techniken ausprobiert.

Jedes Glas reagiert anders. Stark bleihaltiges Kristallglas nimmt die Ätzung besser an als weniger bleihaltiges. Doch wer weiß schon, wie hoch der Bleigehalt eines Glases ist?

Welches Motiv für welches Glas? Nicht jedes Motiv paßt auf jedes Glas. Von der Größe des Entwurfs einmal ganz abgesehen, sollten Motiv und Glas eine harmonische Einheit bilden.

Motive finden sich reichlich in diesem Buch und der dazugehörigen Mappe. Vorlagen jeder Art kann man in Büchern, Zeitschriften und Zeitungen entdecken – wer sucht, der findet. Wer zeichnen kann, wird Vorlagen verschmähen. Wer dieses Talent aber nicht besitzt, der sollte sich bedienen, sofern er eine Linie nachzeichnen kann. Und das kann wohl jeder. Jedenfalls ist das „ich kann aber nicht zeichnen“ kein Hindernis, zu schönen Ergebnissen zu kommen. Auf ein wenig Akkuratesse sollte man achten – doch wozu braucht man die nicht, will man etwas Schönes schaffen!

Für kostbare Gläser sollte man das Motiv erst einmal mit Bleistift (F oder H) auf Transparentpapier durchzeichnen und die zu ätzenden Flächen grau schraffieren. Hält man diese Zeichnung an das Glas, erkennt man die spätere Wirkung. Wer es ganz genau wissen will, ätzt das Motiv auf eine Glasscheibe zur Probe. Dann kann man noch korrigieren.

Das Prinzip des Glasätzens ist: Nicht zu ätzende Stellen abdecken – Ätzflüssigkeit auftragen – einwirken lassen – abwaschen – Abdeckendes entfernen.

Abdecken kann man auf verschiedene Weise. Beginnen sollte man mit der einfachsten Art:
Man braucht dazu einen Entwurf, Pauspapier (Kohlepapier) und **selbstklebende weiße Folie.**
Pauspapier mit der übertragenden Seite auf die Folie legen. Entwurf auflegen. Notfalls mit Klebestreifen befestigen, damit er sich nicht verschiebt. Alle Linien mit einem Kugelschreiber mit sanftem Druck nachziehen.
Wer kein Pauspapier zur Hand hat, zeichnet den Entwurf auf der Rückseite mit einem weichen Bleistift dick nach. Das Motiv auf die Folie legen, befestigen und die Linien nachziehen. Auch so lassen sie sich auf die Folie übertragen.
Die Folie etwa einen bis zwei Zentimeter rund um das Motiv beschneiden. An das Glas halten und die Position mit einem Kugelschreiber markieren. Abnehmen und das Schutzpapier von der Rückseite der Folie entfernen. Die Folie an das Glas legen. Von der Mitte her zu den Rändern hin verstreichen.
Die Klebefolie glatt und möglichst ohne Luftblasen auf eine Fläche zu bringen, erfordert etwas Bedacht. Ich lege sie an einer Kante an, halte sie mit der einen Hand hoch und streiche sie mit zwei Fingern der anderen Hand langsam, Strich für Strich, an. Sind trotzdem Luftblasen entstanden, die sich nicht verstreichen lassen, ziehe ich die Folie wieder hoch und streiche erneut an.

Mit einem Schneidmesser die zu ätzenden Formen ausschneiden. So ein Schneidmesser ist äußerst scharf – es gehört nicht in Kinderhand! Eine Mutter sagte mir, ihrem Zwölfjährigen würde sie es überlassen – aber nur unter ihrer Aufsicht.
Das Messer steil ansetzen und eine Linie mit sanftem Druck möglichst in einem Zug nachziehen. Nicht zu stark drücken – es könnte das Glas ritzen. Nicht zu wenig drücken – es schneidet dann nicht konturenscharf. Das hat man aber schnell heraus.
Umschnittene Teile an einer Ecke mit der Messerspitze anheben und mit den Fingern oder einer Pinzette abziehen.
Alle Kanten gut anpressen. Dazu eignet sich die Anreibekugel hervorragend.
Ist das Motiv größer als die selbstklebende Folie – niemals ein weiteres Stück Folie ansetzen! Unweigerlich dringt die Ätzflüssigkeit unter die Ansatzstelle! Selbstklebende Folie gibt es auch meterweise zu kaufen – sie ist etwa 40 cm breit.

Die Ätzflüssigkeit ist so angesetzt, daß Hobbyfreunde und Laien nicht gefährdet werden. Vorsicht aber bei offenen Wunden. Hautempfindliche sollten die Verträglichkeit erst einmal testen. Kleinkinder müssen ferngehalten werden. Vorsicht ist auch geboten im Umgang mit der Brille. Wie leicht kann sie einen Spritzer abbekommen – und schon ist ein Punkt geätzt. Denn auf Glas – und nur auf Glas – wirkt das Ätzmittel.

Vorsichtsmaßnahmen: Die Ätzflüssigkeit außer Reichweite von Kindern und Haustieren verwahren. Jede Berührung mit der Haut und den Augen vermeiden. Empfindliche tragen am besten Plastikhandschuhe. Bei Berührung mit der Ätzflüssigkeit reichlich mit fließendem Wasser abwaschen. Nach dem Ätzen gründlich die Hände waschen.

Jedes Glas vor der Ätzung gut reinigen – entweder mit Spülmittelwasser abwaschen und trockentupfen oder mit Spiritus abreiben. Jeder Daumendruck hinterläßt Fettspuren, jeden Fleck notiert die Ätzflüssigkeit.

Das Ätzen. Das zu ätzende Glas sollte zumindest Zimmertemperatur haben. Besser noch, das Glas erwärmen. Entweder ein paar Minuten auf die Heizung stellen oder mit heißem Wasser (bis zu 60 Grad) füllen – und nach zwei Minuten wieder entleeren.

Die Ätzflüssigkeit erwärmen, indem man sie in ein Glas mit heißem Wasser (bis zu 60 Grad) stellt. Das ätzt intensiver.

Das Ätzmittel gut umrühren – vor jeder Entnahme wieder umrühren. In der Ätzflüssigkeit befindet sich eine Komponente, die sich rasch absetzt, die für die optimale Ätzung wichtig ist.

Ätzflüssigkeit mit einem Pinsel auftragen und etwa zwei bis drei Minuten mit dem Pinsel tupfend in Bewegung halten. Noch zwei Minuten einwirken lassen und unter fließendem kalten oder lauwarmen Wasser abspülen. Glas trocknen lassen oder behutsam trockentupfen.
Ätzflüssigkeit gleichmäßig dick auftragen. Wie dick? So, daß die Emulsion nicht von einer gewölbten Fläche herunterläuft.

Um eine gleichmäßige Mattierung zu erreichen, Ätzvorgang notfalls wiederholen. Wenn sich immer noch „Wolken" zeigen, ein drittes Mal ätzen.

Nach der Ätzung Folie abziehen. Das Glas mit Wasser oder Spiritus reinigen. Klebereste der Folie mit Verdünner entfernen.

Das Abdecken bzw. Reservieren mit Abdecklack (kurz Decklack genannt) ist die zweite Art, Flächen zu schützen, die nicht geätzt werden sollen.
Es ist ein orangefarbiger, flüssiger, transparenter Lack, der mit einem Tuschpinsel aufgetragen wird. Pinselstärke 0 für feine Linien, Stärke 4–6 für Flächen. Der Lack ist gebrauchsfertig aus der Flasche zu benutzen.

Vor dem Malen mit Decklack aber gilt es, **den Entwurf auf das Glas zu übertragen.** Das geschieht mit Hilfe von **weißem Pauspapier,** welches zwischen Entwurf und Glas gelegt wird. Aufpassen, daß die pausende Seite auf dem Glas liegt! Damit nichts verrutscht, Entwurf samt Pauspapier an drei, vier Stellen mit Klebestreifen am Glas befestigen. Mit einem harten Bleistift oder einem Kugelschreiber alle Linien nachziehen – und Entwurf und Pauspapier vom Glas lösen.

Wer ohne Vorlage ein Motiv auf Glas skizzieren möchte, kann einen **weißen Signierstift** benutzen (zum Schreiben auf Glas, Cellophan, Porzellan und Metall).

Das Ausmalen mit Decklack kann beginnen. Um das Motiv herum einen Rand von mindestens einem, besser noch zwei Zentimeter malen. Bei sehr gerundeten Gefäßen noch breiter malen, damit laufende Ätz-

flüssigkeit keine ungewollten Spuren hinterläßt.

Feine Linien lassen sich leichter malen, wenn die Malhand abgestützt ist. Das heißt, das Glas liegt weich auf einer Unterlage von Papiertüchern oder Saugpapier von der Küchenrolle – so kann es nicht wegrollen –, die Malhand liegt auf einem dicken Buch oder auf einem Karton, so hoch wie das Glas.
Die Decklackflasche vor dem Schließen gut säubern, sonst läßt sie sich nur unter Mühen wieder öffnen.

Den Pinsel sofort nach Gebrauch mit Brennspiritus reinigen. Trocknet der Pinsel an, wird er hart und die feinen Härchen brechen ab.

Der Decklack trocknet schnell. Je nach Raumtemperatur, Stärke des Auftrags und Flächengröße ist die Trockenzeit aber verschieden. Ausprobieren! Mit einem Fön läßt sie sich erheblich verkürzen.
Ist der Lack trocken, prüfen ob gleichmäßig deckend aufgetragen ist. Notfalls offene Stellen überstreichen oder übertupfen.

Das Ätzen – wie bereits beschrieben.

Nach der Ätzung Decklack unter fließendem Wasser abwaschen. Wenn er sich zu lösen beginnt, rubbelnd nachhelfen.

Glas ist zerbrechlich!

Viele der kunstvoll bearbeiteten Gläser sollen als Geschenk anderen eine Freude machen. Und wie oft erreichen nur Scherben den Empfänger!
Aus Respekt vor Ihrer eigenen Arbeit und um dem Empfänger wirklich eine Freude zu machen, die wir ihm zugedacht haben, müssen wir alle Sorgfalt darauf verwenden, Glas gut zu verpacken. Die Aufschrift „Vorsicht Glas" schützt nicht.
Als Hinweis sei gesagt, daß ein möglichst großer, gut ausgefütterter Wellpappkarton immer noch am besten ist. Bei zu starren, engen Verpackungen werden die unvermeidlichen Stöße noch verstärkt. Wir haben in unserer Praxis vor den Trümmern so vieler herrlicher Arbeiten gestanden, daß wir Sie bitten, diese Warnung sehr ernst zu nehmen.

Ein Motiv auskratzen – eine weitere Möglichkeit, mit Decklack zu arbeiten. Decklack möglichst gleichmäßig auf eine Fläche verteilen. Gut trocknen lassen – am besten über Nacht. Das Motiv mit Klebestreifen unter Glas befestigen und mit spitzen Instrumenten (Nagel, Messer) auskratzen. Ätzen und den Lack wieder entfernen – wie beschrieben.

Noch eine Technik der Reservierung: Es gibt eine **ätzbeständige Pausfolie,** gebräuchlich in der Elektronik und erhältlich im entsprechenden Fachhandel. Die Pausfolie arbeitet im Prinzip wie Kohlepapier und wird wie dieses zwischen Vorlage und Basismaterial gelegt, so daß die matte Seite (nicht mit den Fingern berühren) auf dem Glas liegt. Entwurf und Pauspapier mit Klebestreifen befestigen. Das Motiv mit einem Bleistift oder einem Kugelschreiber mit gleichmäßigem, sanftem Druck langsam durchzeichnen. Den richtigen Druck vorher in einem Versuch ermitteln. Entwurf und Folie abnehmen. Zu ätzende Flächen nicht berühren. Ätzflüssigkeit mit einem weichen Pinsel schnell und zügig auftragen. Ätzemulsion diesmal **nicht** bewegen. Nach einigen Minuten abspülen.
Eine zweite Ätzung ist nicht möglich.
Rückstände mit Verdünner beseitigen.
Pausfolie eignet sich für Schrift, Signaturen, feine Verzierungen. Klebefolie oder Decklack sind sicherer.

Anstelle des Decklacks kann man für größere Flächen auch einen **Farbspray** (Auto-K-Lack 33/002) verwenden. Gebrauchsanweisung genau beachten. Möglichst im Freien oder in einem Werkraum bei geöffnetem Fenster sprayen. Die Umgebung mit alten Zeitungen schützen. Das Glas auf einen Karton (oder einen anderen Podest) stellen. Den Lack dünn und gleichmäßig aufsprayen. Nach der Trockenzeit prüfen, ob gewünschte Flächen gut bedeckt sind. Notfalls noch einmal sprayen.

Das Motiv mit weißem Pauspapier übertragen und die zu ätzenden Linien und Flächen mit Messer, Nagel, ausgedientem Kugelschreiber oder hartem Bleistift auskratzen.

Ätzen wie bekannt.
Sind Lackteilchen abgesplittert, mit dem Decon-dalo-Stift (siehe S. 24) korrigieren.
Zuletzt den Spray-Lack mit Aceton (Nagellackentferner) abwischen.

Seit jeher liebt es der Mensch, seinen Besitz zu kennzeichnen. Oft ist das sogar notwendig, um Eigentumsrechte zu dokumentieren. Nur zu gern betrachtet jeder seine Anfangsbuchstaben oder gar seinen Namenszug. Jedes Geschenk wird doppelte Freude auslösen, wenn es mit den Initialen des Empfängers geschmückt ist. Die einfachsten Buchstaben, auf ein Glas geätzt, beglücken mehr als ein kunstvolles Motiv. Ist es doch eine ganz persönliche Gabe.

Wie mannigfach Initialen sein können, zeigen die Variationen der Buchstaben U K – streng linear, ornamental, verspielt oder schwungvoll. Interessant auch die „Spiegelung“ der Initialen auf dem Glas links (Foto rechts).

Seit ich meine Freunde mit geätzten Initialen beschenke, suche ich überall Schmuckbuchstaben – und finde sie in Büchern, Zeitschriften und Zeitungen, in Werbedrucksachen und Prospekten. Bei TOPP gibt es jetzt auch eine Vorlagenmappe für Zierbuchstaben.

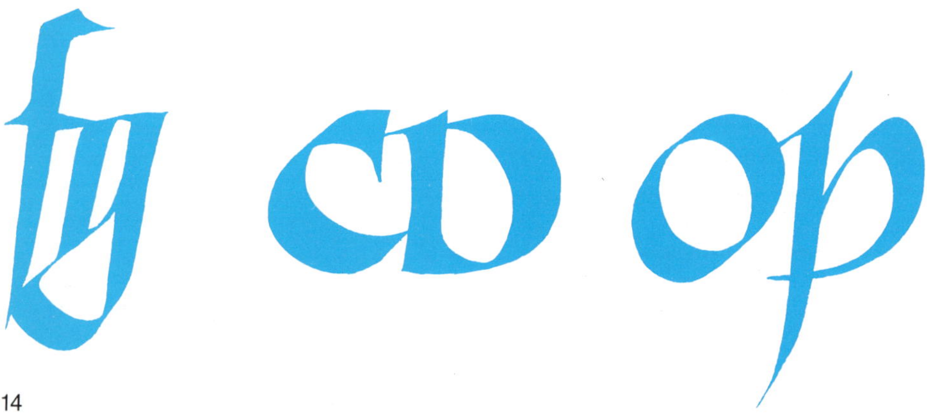

OR AS DA ER

Mit Namensgläsern läßt sich vieles anfangen. Stellen Sie sich vor, daß Sie bei einer kleinen Festlichkeit oder Party statt Tischkarten Namensgläser verwenden. Oder bei Stehparties sorgen die persönlich gekennzeichneten Gläser dafür, daß jeder sein eigenes immer wiederfindet. Und wie freundlich wird die Geste empfunden, wenn jeder Gast am Ende sein Glas als Erinnerung mitnehmen kann.

Einem öfter zu Besuch kommenden Gast kann man Achtung oder Zuneigung zeigen, indem man für ihn ein Namensglas gestaltet und immer bereit hält. – Wer bei Ihnen übernachtet, findet vielleicht noch ein mit seinen Initialen geätztes Mundspülglas vor.

Initialen mit schmückendem Beiwerk sind natürlich viel kostbarer und dekorativer als nur ein oder zwei einfache Buchstaben. Das „Wie“ ergibt sich aus der Form des Gefäßes: ob ein Ornament über und unter den Buchstaben, ein Band von Glücksklee um das Gefäß, ob barocke Ranken um einen schwungvollen Buchstaben oder – wie auf dem Teller rechts – zarte Blattspiralen. Stets sollte man auch an den Empfänger denken. Was paßt zu ihr (oder zu ihm), was könnte ihr (oder ihm) gefallen? Auf dem Foto rechts oben sind zwei Gläser zu sehen: E L ist einer würdigen Dame zugedacht – U B bekommt ein Teenager.

Adam

Adam

Fertige Buchstaben (Initialen) mit schmückendem „Drumherum“ gibt es zu kaufen. Positiv oder negativ – das heißt, entweder bedecken die Buchstaben die Fläche und bleiben „blank“ und das Umfeld wird mattiert – oder das Umfeld bleibt „blank“ und die Buchstaben werden geätzt. In beiden Fällen wird eine Buchstaben-Folie auf das Glas gelegt und angerieben.

Also – entsprechende Buchstaben vom Bogen schneiden, an das gereinigte Glas halten. Ist der genaue Platz gefunden, mit Kugelschreiber markieren. Nun die Schutzfolie von der Rückseite des Buchstabens ziehen – Rückseite nicht berühren – Buchstaben an das Glas legen. Mit einem Kugelkopfreiber von der Mitte her durchreiben. Die obere Folie löst sich und läßt sich vorsichtig abheben.

Das Durchreiben geht auch mit einem Plastiklöffel, den man so in die Hand nimmt, daß ein Finger in der Löffelmulde liegt und man mit sanftem Druck reiben kann.

Nach dem Abheben der Schutzfolie (sie löst sich fast von selbst) empfiehlt sich ein nochmaliges, intensives Anreiben. Als Zwischenlage verwenden Sie dabei nur das dünne Schutzpapier.

Die Folie muß sich – besonders an den Rändern – fest mit dem Glas verbinden, damit sich beim Ätzen scharfe Konturen ergeben. Unscharfe Konturen sind immer ein Beweis dafür, daß die Ränder nicht genügend angerieben wurden.

Ätzen wie bekannt.

Nur ein Ätzgang ist möglich, da sich die Folie unter fließendem Wasser teilweise löst. Den Rest mit den Fingern abrubbeln oder mit Verdünner entfernen.

Positiv – negativ – welch unterschiedliche Wirkung! Einmal ist das I W geätzt, das andere Gefäß zeigt ein geätztes Umfeld mit ausgesparten Buchstaben – wobei sich diese Gestaltung durch das Glasrelief direkt aufdrängte. Daß jedes Motiv positiv oder negativ verwirklicht werden kann, der Effekt jedesmal ein anderer, beweisen die beiden Fische, die sich um hohe Gläser winden.

Nur für Jugendliche ab 15 eignet sich die schöne Technik des Glasätzens. Auf keinen Fall sollte man Kinder damit allein lassen. Doch wenn die Mutti oder der Vati ätzen, darf ein Zehnjähriger es auch einmal versuchen. Die lustigen Hasen auf der Flasche und das große Herz auf dem Gefäß daneben hat Karsten geätzt.

Positiv – negativ, davon war bereits die Rede. Jedes Motiv läßt sich so oder so ausführen. Besonders reizvoll: einen symmetrischen Entwurf (beide Seiten gleich), positiv *und* negativ gestalten – wie das hier noch einmal gezeigte Gefäß der Titelseite. Die drei Zeichnungen links zeigen, **was man aus einem Motiv machen kann.**

Auf den Decklack vorzeichnen – auch das geht. Auf helles Glas mit schwarzem Filzschreiber – auf dunkles mit weißem Signierstift. Dann zu Ätzendes auskratzen.

Mit Ätzflüssigkeit „malen" – sehr grobflächig zwar, aber es geht. Den Pinsel nur nicht zu voll nehmen, sonst verläuft die Emulsion.

Eine fröhliche Party – alle „schreiben" ihren Namen auf ein Glas. Später wird es geätzt und es bekommt der- oder diejenige, die nicht erscheinen konnten, weil sie vielleicht im Krankenhaus liegen.
Daten zu ätzen, bietet sich an: Verlobung, Hochzeit, Geburtstag, Kindtaufe, Kommunion, Konfirmation, Examen, Jubiläum, Silberhochzeit ... so viele Anlässe, ein Glas festlich zu schmücken als bleibende Erinnerung.
Und wie ist es mit dem Lieblingslied, in Text und Noten geätzt?

Hier einige Ziffern aus verschiedenen Schriften. Zeichnet man sie in der passenden Größe und schmückt sie mit Punkten oder Linien, wirken sie noch dekorativer.

1234567890

1234567890

1234567890

1234567890

1234567890

1234567890

134567890

25

Blumen zieren stets ungemein, ob der Phantasie entsprossen oder der Natur nachempfunden. Wer zeichnen kann, nimmt sich ein Original vor. Wem kein Talent gegeben ist, hält sich an Vorlagen.

Ganz raffiniert: der Blütenstengel des Maiglöckchens in das große Blatt projiziert. Das Problem war, Blätter und Blüten klar darzustellen.

Wer eine Blüte naturgetreu zeichnen möchte, sollte sich – bei aller notwendigen Stilisierung und flächigen Gegebenheit – auch wirklich an die Natur halten. Wieviel Blütenblätter, wo Stempel und Narbe, wie sitzt das Blatt am Stengel?

Ein Glas mit einem Motiv mehrfach geschmückt ist überaus attraktiv. Frappierend das Glas links mit dem rundum geätzten Bambus – oder der Kelch unten mit der Erdbeergirlande (ein Motiv – dreimal wiederholt).
Ob in dem Krug rechts nun Orangensaft oder Waldmeisterbowle kredenzt wird – eine Zierde des Tisches ist er gewiß.

Hoch, quer, schräg ... Nicht immer paßt ein gewünschtes Motiv aus der Vorlagenmappe oder anderswoher auf das vorhandene Glas. Was tun? Den Entwurf verkleinern oder vergrößern, kürzen oder verlängern? Bei einem Blumenstrauß dieser Art ist das wohl möglich. Aber ob es ihm zum Vorteil gereicht?

Wie ein Entwurf verschieden angebracht werden kann, zeigen diese Fotos: Hoch ist er auf das schlanke Glas geätzt – quer dagegen auf die gedrungene Vase. Beide Male vollkommen zum Glas passend.
Und sollte ein Glas nicht hoch genug sein – schräg probieren.
Die abgepauste Zeichnung so lange hin- und herschieben, bis das Ergebnis zufriedenstellt.

Bleiumfaßtes Glas mit Aufhängerkettchen gibt es in verschiedenen Größen und Formen in Hobbyfachgeschäften zu kaufen. Das klare Glas (nicht Ornamentglas!) eignet sich gut zum Ätzen – wie das Tränende Herz und das Vogelnest zeigen.

Fensterbilder müssen nicht unbedingt bleiverglast sein. Die Platte mit dem Baum unten habe ich mir vom Glaser zuschneiden, Kanten abschleifen und lochen lassen. Ob ich das Blumenmädchen, rechts auf der Platte, mit Zitronenkuchen bedeckt auf den Kaffeetisch stelle oder ans Fenster hänge, weiß ich noch nicht. Einen winzigen dreieckigen Bilderaufhänger anzukleben und einen Perlonfaden durchzuziehen, ist keine Schwierigkeit.

Schlichte Glasplatten verführen geradezu zum Beätzen. Als Geschenk sind sie auch von Leuten, die alles haben, bestimmt gern empfangen. Das Motiv muß gar nicht so anspruchsvoll sein – Margeriten, über die Fläche verteilt, sind doch eine schmucke Dekoration.
Ein Papierfaltschnitt war die Grundlage für den Entwurf für die runde Tortenplatte. Abgewandelt erscheint das Muster vervielfacht am Rand.

Übrigens, daß alle Motive in diesem Buch in Originalgröße in einer Extramappe zu finden sind, sagte ich bereits im Vorwort, nicht wahr?

Spieglein, Spieglein an der Wand ... Wer möchte sich in einem Ballon betrachten – oder im Wald, wo die Rehlein grasen? Jedes Motiv läßt sich mit Hilfe eines Liniennetzes beliebig vergrößern. Das gilt auch für den großen Spiegel rechts mit dem Jugendstilmotiv, welches sich auch für verglaste Türen anbietet – dazu vielleicht eine passend beätzte Kugellampe?

Ein Souvenir besonderer Art ist ein geätztes Glas. Ob als Erinnerung an einen Segeltörn, Ferien auf dem Reiterhof oder an den Urlaub an südlichen Gestaden. Das läßt sich natürlich kaum „vor Ort" bearbeiten – aber nach Fotos zeichnen, flächig aufteilen und wie bekannt ätzen. Zur eigenen Freude oder als „Dankeschön" für Mitreisende, vielleicht mit Ort und Datum und noch dazu „als Erinnerung an frohe Stunden von ...".

Wer einmal „freihand“ mit Decklack malen möchte, ohne ein Motiv aufzupausen, ohne zu skizzieren, sollte seiner Phantasie keine Zügel anlegen. Einige dicke und dünne Linien, ein paar Kreise, etliche Punkte – und schon ist ein Glas mit einem abstrakten Muster reizvoll verziert.
Ätzemulsion und Lack wieder entfernen wie bekannt.
Interessant und meistens ganz anders als erwartet ist das Ergebnis – siehe Foto Glas mit Decklack (hier wurde schwarzer Asphaltlack verwendet) und das gleiche Glas auf dem großen Foto rechts fertig geätzt.
Bei der großen Vase in der Mitte habe ich ein wenig „geschummelt“. So „wilddrauflos“ ist nicht meine Art und darum habe ich mit dem weißen Signierstift (siehe Seite 7) grob skizziert, denn auf die optische Überschneidung der Linien kam es mir an.

Ätzen und Ritzen kombiniert. Wer sich bereits mit Glasritzen befaßt hat und die entsprechenden Werkzeuge besitzt, wird von der reizvollen Möglichkeit Gebrauch machen, beide Techniken zu vereinen.
Auf der Schale unten ergänzen sich geritzte Linien und Punkte mit geätzten Flächen sehr wirkungsvoll.

Und das Familienwappen auf dem hohen Glas rechts kommt durch geritztes Beiwerk bestechend zur Geltung. Nicht jeder besitzt ein Familienwappen – wie wäre es mit einem Stadtwappen oder einem Vereinsemblem?

Looft

ISBN 3-7724-0579-7 · Best.-Nr. 777 · © 1981

Auflage: 8. 7. 6. 5. 4. | Letzte Zahlen
Jahr: 1987 86 85 | maßgebend

frech-verlag
GmbH + Co. Druck KG Stuttgart

Fotos: Helga Schulz
Druck: Frech, Stuttgart